AF454207

NÉCROLOGIE

L'ABBÉ PIERRE MONNOT

CHANOINE HONORAIRE D'AUTUN

AUMÔNIER DE L'HOSPICE SAINT-LOUIS, UN DES DEUX FONDATEURS DE L'ASILE DE MARIE, A CHALON-S-SAONE

Par l'abbé C.-F. BUGNIOT

Missionnaire apostolique,
Chanoine honoraire d'Autun et de La Rochelle,
Aumônier militaire.

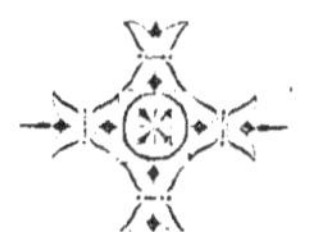

CHALON-SUR-SAONE

IMPRIMERIE SORDET-MONTALAN, 1, RUE FRUCTIDOR

1888

NÉCROLOGIE

L'ABBÉ PIERRE MONNOT

Chanoine honoraire d'Autun

AUMONIER DE L'HOSPICE SAINT-LOUIS, UN DES DEUX FONDATEURS
DE L'ASILE DE MARIE, A CHALON-SUR-SAONE

Le 28 juin de cette année (1888), à l'Asile de Marie, à Chalon-sur-Saône, on célébra un service solennel pour le repos de l'âme de M. le chanoine Monnot, l'un des deux fondateurs de cette bénie maison. A pareil jour, les années précédentes, on offrait à M. Monnot des fleurs et des souhaits de fête ; Pierre était son prénom. Les prières et les larmes ont remplacé les fleurs et les souhaits. C'est toujours un souvenir de cœurs reconnaissants.

M. le chanoine Sujet, en qualité de curé de la paroisse sur laquelle s'élève l'Asile de Marie, fut désigné pour célébrer le service divin. L'assistance était nombreuse. Dans le chœur, tous les prêtres de la ville et quelques curés suburbains formaient comme une demi-couronne autour de l'autel. Dans la nef, au premier rang, étaient agenouillés les parents du défunt, puis venaient les religieuses de l'hospice Saint-Louis, les sœurs de l'Asile de Marie, les unes et les autres appartenant à la Congrégation des sœurs de la Charité et de l'Instruction chrétienne de Nevers, les orphelines, le pensionnat. On remarquait encore un certain nombre d'amis et de bienfaiteurs de la maison, qui avaient tenu à donner au fondateur un dernier témoignage de sympathie et d'affection.

Après l'Evangile, M. le chanoine Bugniot prit la

parole et prononça l'allocution suivante, qu'on lira avec autant d'intérêt et de plaisir que nous avons eu de bonheur à l'entendre :

« Mes bien chers Confrères,
« Mes Sœurs,
« Mes Enfants,

« Vous vous étonnez sans doute de me voir prendre la parole en ce moment, tandis que vous apercevez près de moi des prêtres plus élevés en dignité et incontestablement plus éloquents. En leur présence, je devrais me taire. Voici mes seuls titres à l'honneur qui m'est imposé : j'ai vécu pendant trente-six ans dans la ville que M. Monnot habitait; j'ai reçu de lui, plus d'une fois, des témoignages de sympathie et même d'amitié; je l'ai vu à l'œuvre à l'hospice Saint-Louis, où je partageai le même autel et le même confessionnal pendant bien des années; je connais à fond sa belle, sa grande fondation de l'Asile de Marie, œuvre admirable de charité et de religion, œuvre largement suffisante à immortaliser son fondateur. C'est donc en connaissance de cause que je parlerai. Je dirai ce que j'ai vu, ce qui a souvent touché mon cœur, ce qui m'a profondément ému; je ne suis qu'un témoin, mais un témoin sincère, absolument sincère, s'imposant la privation d'arrêter toute louange sur ses lèvres, certain qu'il est que les faits, les actes suffiront pour faire l'éloge le plus complet de M. Monnot. Je commence :

« La vie de M. Monnot s'est écoulée dans la simpli-
« cité et la droiture d'un ministère honorable, accom-
« pli avec fidélité et dévouement, sans ostentation et
« sans éclat.» Tel est le jugement porté sur M. Monnot par M. l'abbé Gauthey, curé de Saint-Vincent, à la cérémonie des funérailles. On ne saurait dire mieux

ni plus juste. Et pourtant, M. Monnot ne fut pas un prêtre ordinaire, ayant simplement passé sa vie dans l'accomplissement ponctuel des devoirs du saint ministère, et ayant pratiqué dans un certain degré, comme chacun de nous le doit, toutes les vertus sacerdotales. Ce fut mieux que cela. Toujours d'après M. le curé de Saint-Vincent (là encore, il est d'une exactitude parfaite) : deux œuvres se sont partagé cette vie. M. Monnot exerça pendant cinquante ans le saint ministère à l'hospice Saint-Louis, à Chalon-sur-Saône, et il fonda dans cette ville, en collaboration avec une sainte religieuse, la chère Mère Antoinette Vabre, l'Asile de Marie.

« Cinquante ans à l'hospice Saint-Louis ! En 1838, M. l'abbé Monnot était nommé aumônier de cette maison de charité. Il succédait à un prêtre que l'on vénérait comme un saint. C'était M. l'abbé Mazeau, mort à l'âge de trente-huit ans, après avoir passé sept années seulement à la Charité (c'est ainsi que l'on nomme habituellement l'hospice Saint-Louis). Remplacer un aumônier aussi distingué par le talent et la piété, aussi estimé et aimé, n'était pas chose facile. M. l'abbé Monnot ne fut pas au-dessous de sa tâche. Il la remplit pendant un demi-siècle à la satisfaction des religieuses employées à la Charité, au contentement des enfants abandonnés que l'on y reçoit, des vieillards que l'on y admet, des médecins qui s'y dévouent au soin des malades, et des administrateurs qui régissent le temporel de la maison.

« Les religieuses le regardaient comme un père plein de sollicitude pour sa famille ; elles le vénéraient comme l'homme de Dieu ; elles le considéraient comme leur soutien, leur protecteur, comme l'ami toujours fidèle de leur Congrégation.

« Les enfants l'aimaient. Ils avaient bien vite reconnu dans leur aumônier une prodigieuse bonté ; aussi, ils se mettaient à l'aise avec lui, sans oublier la déférence et le respect qu'ils lui devaient. C'était comme une mère entourée de ses enfants. Pauvres chers abandonnés, ils sont si reconnaissants à quiconque verse une goutte de miel dans le calice de leur vie ! Ils sont si reconnaissants à celui qui les aime un peu ! Après leur sortie de l'hospice Saint-Louis, les enfants, devenus grands et capables de subvenir à leur existence, revenaient voir M. Monnot, et lui demandaient aide et protection. Plus d'une fois il leur ouvrit sa bourse légère, cette bourse à laquelle il ne demandait pour lui que le strict nécessaire, réservant tout le reste pour son œuvre, l'Asile de Marie. Ceux qui ne connaissaient que superficiellement M. Monnot l'auraient volontiers accusé de parcimonie. Ils eussent été dans une grande erreur ; car c'était un cœur généreux, se contentant de peu pour lui, afin de pouvoir donner davantage. En plusieurs circonstances, une fois notamment, il fut victime de son bon cœur envers ses enfants de l'hospice Saint-Louis. On abusa de sa charité ; il perdit une somme relativement sérieuse pour lui, et nul ne sait les privations qu'il s'imposa, afin que sa chère maison de l'Asile ne s'en aperçût pas dans les largesses qu'il lui faisait.

« Quand ce prêtre au sourire si rayonnant de franchise, à l'air si bon, si simple, parcourait les salles où les vieillards étaient réunis, les hommes se découvraient avec respect, les femmes se levaient avec une grande déférence, et les plus valides formaient cercle autour de lui, attendant une parole du cœur, un mot d'espérance. Avec eux son ministère était facile ; nul ne lui refusa jamais les suprêmes consolations de la religion.

« En cinquante ans, et principalement dans ce demi-siècle si tourmenté, si agité par les passions politiques, en cinquante ans, les administrateurs et les médecins de l'hospice Saint-Louis changèrent souvent. Les uns et les autres, tous n'avaient avec M. Monnot que des rapports agréables. Ah! c'est que, dans ce prêtre, la politique s'effaçait pour ne laisser voir que l'homme de Dieu; du reste, elle existait à peine dans l'homme privé lui-même, et M. Monnot, empruntant une phrase à saint Vincent de Paul, aurait pu dire : « Je suis du parti de Dieu et des pauvres! » C'est là le vrai parti du prêtre.

« Telle est l'une des deux œuvres de M. Monnot; pour lui, elle ne fut pas la plus importante. Celle qu'il aima par-dessus tout, celle qui l'occupa pendant plus de quarante ans, ce fut la fondation de l'Asile de Marie et son développement continuel, afin que cette maison fût à la hauteur des misères que l'on rencontre et du rang qu'il voulait lui donner parmi les maisons d'éducation.

« L'idée première de cette fondation vint à une excellente religieuse de la Congrégation des Sœurs de la Charité et de l'Instruction chrétienne de Nevers, employée depuis l'année 1826 à l'hospice Saint-Louis, de Chalon-sur-Saône. Antoinette Vabre était son nom. C'était une de ces âmes d'élite que Dieu a marquées pour de grandes choses. Elle se proposait de recueillir les orphelines, les pauvres filles délaissées de leurs parents, de leur donner un abri, de leur apprendre à travailler et à aimer le bon Dieu, de les garder jusqu'au moment où elles seraient jugées capables de se conduire sûrement à travers le monde et de gagner leur vie. Elle médita ce projet devant Dieu; elle le soumit à ses supérieurs; elle le confia à son directeur pour qu'il l'étudiât. M. l'abbé Mazeau, ce prêtre si remarquable, l'approuvait. Après quatre ans d'étude réfléchie et surtout de prières ferventes et assidues, M. l'abbé Monnot jugea qu'il fallait se mettre à l'œuvre. Les circonstances, du reste, s'y prêtaient. Un homme de bien, M. Biot, ingénieur des ponts et chaussées, offrait aux fondateurs sa modeste maison de la rue des Carmélites, voisine de la Charité. Le 4 avril 1842, fête de l'Annonciation de Marie, la sœur Antoinette ouvrit son ouvroir, où dix-huit orphelines furent admises dès le premier jour. L'Asile de Marie était fondé! La Vierge Marie lui fut donnée comme spéciale protectrice.

« Au bout de quelques mois, la maison de M. Biot fut insuffisante. On cherchait un autre local. Il y avait à vendre, rue de l'Obélisque, une grande maison, avec cour et jardin. Elle avait été construite primitivement pour un monastère des religieuses de la Visitation. M. l'abbé Monnot la regardait; sœur Antoinette la regardait; elle les tentait l'un et l'autre. Mais on en voulait un trop grand prix. Comment trouver la somme demandée, quand on débute avec *deux francs et une allumette* pour toute fortune? Ceci fait allusion à un charmant épisode que vous trouverez (page 61) dans la vie de la Mère Antoinette, par M. l'abbé Dory.

« M. l'abbé Monnot et Mère Antoinette parlèrent de leur œuvre; ils surent y intéresser des personnes riches; et puis elle se recommandait par elle-même. En quelques années la maison fut payée.

« Il ne s'agissait d'abord que d'établir un ouvroir; bientôt on parla d'un externat et même d'un pensionnat. Tous deux furent fondés, l'un en 1845, l'autre en 1847.

« La maison devint insuffisante pour les œuvres entreprises. En 1852, un grand et beau bâtiment à deux étages fut élevé dans la cour située sur la rue Fructidor. Il le fallait afin de séparer les enfants de l'ouvroir des élèves du pensionnat. On y réussit à merveille. Elles n'ont entre elles aucune communication: ce sont deux maisons tout à fait distinctes.

« Les deux fondateurs étaient d'excellents quêteurs ; ils en avaient toutes les qualités. Ils se présentaient avec tant de simplicité, d'oubli de soi ; dans leur parole, on sentait une conviction si profonde qu'ils n'avaient en vue que le bien, que les bourses s'ouvraient aisément pour leur œuvre. Essuyaient-ils quelque refus, ils montraient tant d'humilité et de bonne grâce que, le plus souvent, l'envoi d'une offrande les précédait à la maison. Ils savaient mettre en pratique cet axiôme de saint Vincent de Paul : « Le bien ne fait pas de bruit. » Je ne connais pas d'œuvre à Chalon qui ait fait moins de bruit que l'Asile de Marie, et je n'en connais pas qui l'emporte sur cette admirable fondation. Mère Joseph continuera les excellentes traditions des fondateurs, et l'œuvre se complétera à merveille et sans bruit.

« J'ai parlé des ressources nécessaires à l'achat des bâtiments, à leur aménagement, comme aussi à leur construction. Ce n'est pas tout, il fallait encore de l'argent pour payer la modique pension des orphelines de l'ouvroir ; pour cet objet aussi on dut quêter. J'ai ouï dire qu'il y avait sous ce rapport ralentissement dans la charité. Je n'en suis pas surpris, les bourses les mieux garnies ne sont pas inépuisables ; le phylloxera, en détruisant la vigne, a détruit plus d'une fortune, qui se croyait inébranlable ; et puis, des œuvres actuelles, la fondation des écoles chrétiennes, par exemple, prennent une large part dans les charités ; enfin de grands bienfaiteurs sont morts. Il est vrai que dans certaines familles la charité est héréditaire et se transmet de génération en génération. C'est pourquoi l'Asile de Marie compte encore de nombreux bienfaiteurs vivants. Et les secours sont indispensables pour réaliser certaines améliorations d'une utilité incontestable qui compléteraient l'œuvre (*), et j'ajouterai même, pour faire vivre l'œuvre première, l'œuvre fondamentale, celle qui a déterminé la fondation de l'Asile de Marie, l'œuvre si intéressante, si populaire et si chrétienne de l'ouvroir pour les pauvres orphelines. Cette œuvre n'a pour ressources que le travail de celles qui en font partie, travail très insuffisant, et les offrandes de la charité. Si vous voulez coopérer à une œuvre excellente, dans vos largesses faites la part, une bonne part, pour l'ouvroir de l'Asile de Marie.

« En 1873, je visitais l'Asile de Marie : ouvroir, pensionnat, externat, classes gratuites, cela me semblait complet. J'en témoignais ma satisfaction à la chère Mère Antoinette, quand elle s'écria, des larmes dans la voix : « Oh! non, non, ce n'est pas complet ! « Il y manque l'essentiel : le Maître est le plus mal « logé. » Il n'y avait, en effet, pour chapelle, qu'une vaste salle vulgaire. Nos deux quêteurs se mirent en route. Une gracieuse et assez vaste chapelle s'éleva bientôt. Elle était terminée au mois de mai 1876. A peu de temps de là, Mgr Petitjean en faisait la consécration.

« Dans cette belle et excellente fondation de l'Asile de Marie, M. l'abbé Monnot se fit tour à tour architecte, entrepreneur, quêteur; c'était bien l'homme qu'il fallait à une telle œuvre. Mgr de Marguerye avait récompensé son dévouement et son zèle en le nommant, en 1854, chanoine honoraire de sa cathédrale.

« Doué d'un caractère énergique et prudent tout à

______

(*) Notamment, l'ouverture d'une école maternelle et la création d'un ouvroir externe.

la fois; inébranlable au milieu des contradictions, elles ne le touchaient pas, elles ne faisaient que l'effleurer; plein de foi et de confiance en Dieu, oui, M. l'abbé Monnot fut l'homme de la Providence pour l'Asile de Marie; cette maison fut son œuvre et sa vie. On s'imagine aisément ce que dut coûter de sollicitude et de peines un établissement de cette importance, élevé par les uniques ressources de la charité publique. Que de calculs, que d'ingénieuses combinaisons pour arriver à joindre les deux bouts! Quelques jours avant de mourir, sa chère maison le préoccupait encore; il remettait une petite somme à la Mère Joseph, la supérieure actuelle, en lui adressant ses suprêmes recommandations pour la durée et la prospérité de l'Asile de Marie. M. Monnot a quitté ce monde les mains vides d'argent, mais couronné de grâces et de mérites. Ainsi meurent les vrais prêtres, et leur âme est si légère après tant de sacrifices, qu'elle se détache de la terre au moindre souffle, en passant, presque sans transition, de la souffrance à la gloire, du dévouement à la récompense.

« J'ai cité en commençant les paroles que prononça M. l'abbé Gauthey, en présence du cercueil de M. Monnot, dans la chapelle de l'hospice Saint-Louis; je ne saurais mieux terminer qu'en empruntant mes dernières paroles à la même voix si éloquente et si aimée :

« L'Asile de Marie, avec ses œuvres florissantes,
« restera dans notre ville une institution de premier
« ordre, qui conservera à la postérité le souvenir de
« M. Monnot.

« Les excellentes religieuses garderont sa mémoire
« pour la transmettre à la jeunesse qui se renouvelle
« sous leurs vieux cloîtres.

« Religieuses, vieillards, orphelins, orphelines, tous

« doivent à M. Monnot reconnaissance et prières. Ils
« les lui rendront largement.

« Pour nous, chers confrères, nous perdons un an-
« cien du clergé qui méritait notre vénération par la
« dignité de sa vie, la droiture de son caractère, la
« bonté de son cœur et l'exemple de ses vertus sacer-
« dotales. Il était de cette génération de saints prêtres
« qui ont grandement honoré la ville de Chalon, et
« qui disparaissent tous en quelques années. Nous
« garderons leur souvenir. »

« Oui, nous garderons leur souvenir ; et c'est pour
le perpétuer d'une manière plus durable encore que
je demande à mes frères dans le Sacerdoce, aux religieuses de l'hospice Saint-Louis et de l'Asile de Marie,
aux vieillards, aux orphelins, aux orphelines, aux enfants qui reçoivent l'instruction à l'Asile de Marie, à
ceux qui ont connu M. Monnot et qui l'ont aidé dans
son œuvre, à tous je demande une obole pour acheter
deux plaques de marbre qui seront placées à l'entrée
de la chapelle de l'Asile de Marie. Sur l'une, on ins-
crira le nom de la vénérée, de la sainte Mère Antoinette; sur l'autre, on gravera le nom du si dévoué et
si charitable M. Monnot. Nous mettrons en tête ces
paroles : A la mémoire à perpétuité des deux fondateurs de l'Asile de Marie, à tous deux un souvenir du
cœur et une prière devant Dieu, qui couronne de sa
gloire ceux qui ont aimé les petits, les enfants, les
pauvres : *ad perpetuam memoriam !* (*) »

(*) M. l'abbé Bugniot est chargé de faire préparer ces deux plaques
de marbre et les inscriptions qui devront y être gravées. On pourra
lui adresser les offrandes dans ce but, ou les remettre à la révérende
Mère Joseph, supérieure de l'Asile de Marie, ou à M. l'aumônier de la
maison. On profitera de cette circonstance pour mettre aussi à l'entrée
de la chapelle une plaque de marbre portant les noms des bienfaiteurs
défunts. Ainsi le veut la reconnaissance du cœur. L'inauguration de
ces trois petits monuments commémoratifs aura lieu pendant la pro-
chaine octave des Morts, en même temps que l'on célébrera un service
solennel pour les bienfaiteurs défunts.

Cette allocution produisit dans l'assistance la plus vive émotion. Plusieurs passages furent soulignés par des larmes. Les chères orphelines de l'ouvroir étaient particulièrement émues. Ah! c'est qu'elles comprennent le service qui leur est rendu en les recueillant, en les instruisant, en leur apprenant un état, en les rendant, autant qu'on le peut, des chrétiennes sérieuses et sincères. Donner à de pauvres orphelines une maison paternelle qu'elles aiment, où elles reviennent volontiers, n'est-ce pas une œuvre bien belle?

Nous vous recommandons cette œuvre; c'est celle que fondèrent M. le chanoine Monnot et très aimée Mère Antoinette; c'est celle que les riches Chalonnais soutiendront de leur influence et principalement de leur bourse. Elle restera humble, cachée; c'est ce qui la rendra plus intéressante encore. Il y a de chères petites orphelines qui attendent tristement qu'on leur ouvre les portes de l'Asile de Marie en payant une modique pension; vous qui avez la clef d'or qui ouvre cette porte, ouvrez, ouvrez vite; les orphelines, elles, possèdent la clef d'or qui vous ouvrira un jour le paradis, demeure de tous ceux qui ont aimé l'orphelin et qui lui sont venus en aide.

Un Auditeur.

CHALON, IMP. SORDET-MONTALAN.